KATZENHASSERBUCH

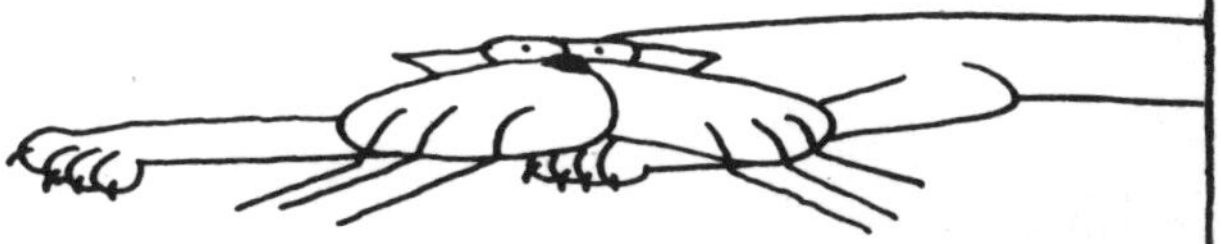

THE OFFICIAL I HATE CATS BOOK
THE SECOND OFFICIAL I HATE CATS BOOK
(both by Skip Morrow)

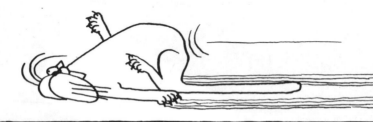

© 1980 by Dennis Morrow.
© 1981 by Skip Morrow.
Published by arrangement with Holt, Rinehart and Winston, New York.
© 1987
für die deutsche Ausgabe Parkland-Verlag GmbH, Stuttgart
3. Auflage 20.000–30.000
ISBN 3-88059-283-7

DAS ERSTE OFFIZIELLE
KATZENHASSERBUCH

Mit einem Vorwort von Henning Venske

Skip Morrow

PARKLAND

Vorwort:

Sein Analytiker ist für dieses Machwerk verantwortlich, ganz bestimmt. „Skip",
hat er zu Mr. Morrow gesagt, „Skip, Sie müssen mal richtig die Sau rauslassen,
relax, relax, Ihre Aggressionen brauchen ein Ventil. Wenn Sie schon nicht Ihre
Mutter vögeln wollen, dann bringen Sie wenigstens Ihren Vater um!"

Aus welchen Gründen auch immer – dazu kam es nicht. Stattdessen griff der
Patient zum Stift und zeichnete seinen amerikanischen Alptraum auf's Papier:
kleinbürgerliche Phantasien, was denn nun ein energiegeladener, leistungs-
orientierter und gottgefälliger Amerikaner mit faulen Negern, hinterlistigen
Kommunisten, karrieresüchtigen Frauen und anderem demokratiefeindlichem
Gesindel anfangen könne. Nix Toleranz, nix Leben und Lebenlassen – no Sir,
Abmurksen is wonderful Entertainment, schwarzer Humor, you know? DIE
KATZE ist DER FEIND – jeder Hundefreund kann's bestätigen – die Katze als
Symbol all' dessen, was wir hassen: ein genialer Einfall. Diese Viehcher sind in
der Tat eine bedauerliche Fehlleistung der Natur. Ursprünglich wohl von seß-
haften Bauern vorchristlicher Kulturen zum Schutz der Vorräte vor Schädlingen
fest angestellt, genießt die Katze heutzutage das Vorrecht, kein Nutztier mehr
zu sein (jede Chemikalie leistet mehr!) und sich nur noch in immer neuen Mu-

tationen und Farbspielen züchten zu lassen. Das ist zu wenig, und das schon lange: Abbildungen aus dem vorderasiatischen Jericho des 6. vorchristlichen Jahrtausends beweisen, daß Frauen und Katzen bereits damals kostbare Arbeitszeit mit sinnlosen Spielchen verplemperten.

Dem Schöpfer sei Dank gab es aber schon zu allen Zeiten vernunftbegabte Amerikaner, die den Katzenüberfluß tatkräftig bekämpften: die ersten Amerikaner lebten im alten Ägypten. Sie sorgten dafür, daß mumifizierte Katzen ihren mumifizierten Besitzern mit ins Grab gegeben wurden. Die Amerikaner des 19. Jahrhunderts, Engländer genannt, haben mehrere Tonnen, das ist wirklich wahr!, mumifizierte Katzen zu Düngemitteln verarbeitet, was die momentane englische Landwirtschaftskrise durchaus auch beheben könnte. Aber wer exportiert schon mumifizierte Katzen, ausgerechnet nach England. Das Wesen der Hauskatze prädestiniert sie zur Gefährtin vor allem älterer und einsamer Menschen. Alleinstehende Männer und Frauen, bei denen sich die vorwiegend ländliche Bevölkerung vermeintlich Rat und Hilfe holte, also Hexer und Hexen, lebten immer schon gern mit Katzen zusammen. Die Amerikaner des Mittelalters, fanatische religiöse Eiferer, ließen keine Gelegenheit ungenutzt, die Katzen samt Liebhabern mittels der sog. katholischen Inquisition zu foltern und zu verbrennen. Das führte zwar zur Erfindung des weitverbreiteten „Katzenjammers", hat aber mit Ketzerei nicht einmal ethymologisch etwas zu tun.

Daß die ordinäre Hauskatze im alten China nicht „Blacky", sondern „Miao" genannt wurde, mag man als vorrevolutionären Unsinn abtun; daß aber aus bestimmten Körperteilen der Katze hergestellte Wundermittel als besonders heilkräftig galten, spricht für die Anwesenheit amerikaner Coca-Cola-Vertreter im Reich der Mitte schon um 600 v. Chr.

Skip Morrow, der Zeichner, steht demnach in bester amerikanischer Tradition. Und ich, bundesrepublikanischer Deutschmarkschreiber, bin gehalten, nicht zuletzt auch im Auftrag meiner Regierung, ihm in Freundschaft und Bündnistreue zur Seite zu stehen.

Und so gestehe ich denn: auch ich überwinde den Widerwillen gegen diese Untiere nur, wenn ich einen Goldfisch aus dem Aquarium für den Kochtopf oder ein Vögelchen aus dem Bauer für die Pfanne benötige; dann borge ich die Muschi meiner Nachbarin aus, um sie nach getaner Arbeit mit genüßlichem Tritt vom Balkon zu expedieren. Wir betrachten das beide als Teil eines sinnvollen Trainingsprogramms: Die extreme Beweglichkeit ihrer Vordergliedmaßen verdanken die Katzentiere ihrem verkümmerten Schlüsselbein. Deswegen sind sie zwar gute Schwimmer, auch wenn das Wasser nicht zu ihrem eigentlichen Lebensraum gehört, auch verstehen sie sich als Spezialisten im Klettern, aber von oben herabzusteigen — das müssen sie erst erlernen! Es ist das einzige, was zu lernen sie im Stande sind: Schurwolle, frische Eier, rahmige Milch weigern sie sich zu liefern; diszipliniert an der Leine oder gar „bei Fuß" spazierenzugehen, lehnen sie ab, und, erst einmal plattgefahren, bieten sie darüberhinaus einen unerfreulichen Anblick. Sie können nichtmal als zweit- oder drittbester Freund des Menschen gelten — würden sie sonst auf den verständlichen Wunsch von Frauchen oder Herrchen, einen fortgeschleuderten Stock zu apportieren, mit soviel Unverständnis reagieren? Bei keinem Katzen-Rennen dieser Welt kann man sein Geld verwetten, darüber hinaus ist ihr Begrüßungsritual äußerst mau, und zur Bewachung des Grundstücks kann man genausogut eine Flasche abstellen. Allenfalls kann man hoffen, daß ungebetener Besuch wegen seiner Katzenhaarallergie einem Asthma-Anfall erliegt ... Was schließlich, frage ich, kann die Überflüssigkeit jeglicher Katzenexistenz eindrucksvoller demonstrie-

ren als die Tatsache, daß sogar die Polizei auf ihre Dienste verzichtet? Untauglich sind sie in jeder Hinsicht, zum Verfolgen von Dieben ebenso wie zum Beißen von Aufrührern und sogar zum Erschnüffeln von Haschisch.

Felis Catus, um sie auch wissenschaftlich einmal korrekt anzusprechen, ist sogar in Notzeiten nicht sonderlich schmackhaft: selbst die raffinierteste Knoblauch-Rahmsauce auf Portweinbasis mit ganzen Trüffeln kann sie nicht in den Rang eines Grundnahrungsmittels erheben. In dieser, und nur in dieser Hinsicht, ist die Katze dem Hund ebenbürtig. Zu allem Unglück aber hat sie, wie Volkes Stimme weiß, sieben Leben — und sie wird uns alle überdauern, zusammen mit ihren Spielkameraden, den Ratten. Das, fürchte ich, wird auch den Analytiker von Skip Morrow in seiner Existenzangst kräftig bestärken . . .

Henning Venske

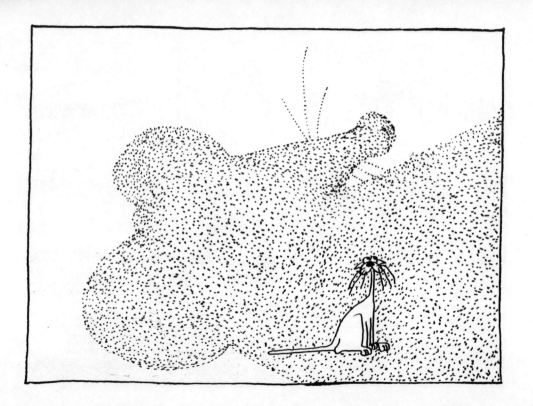

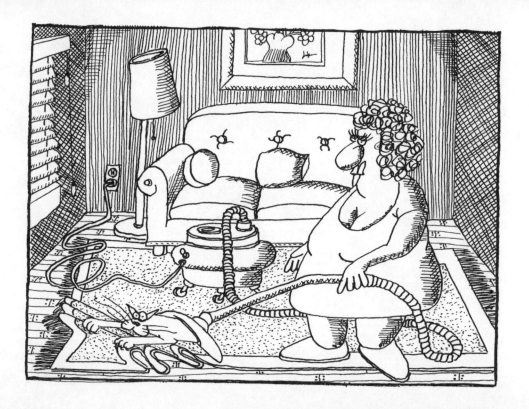

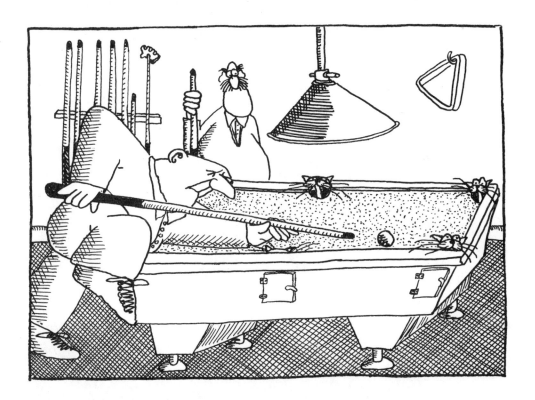

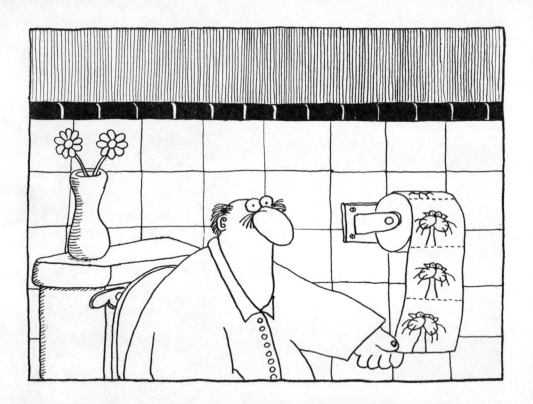

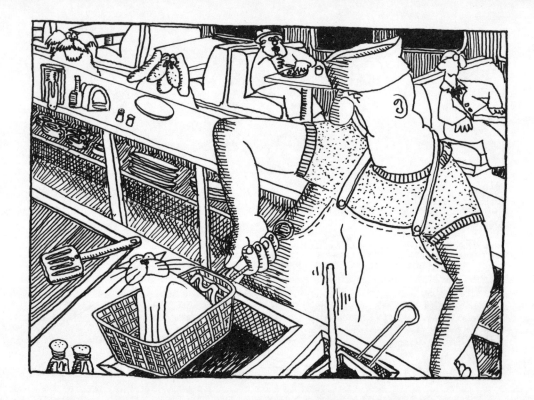

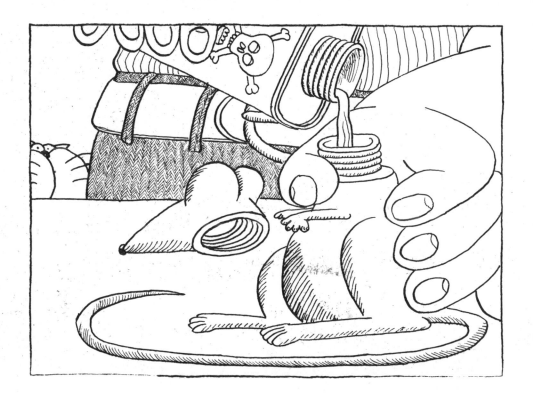

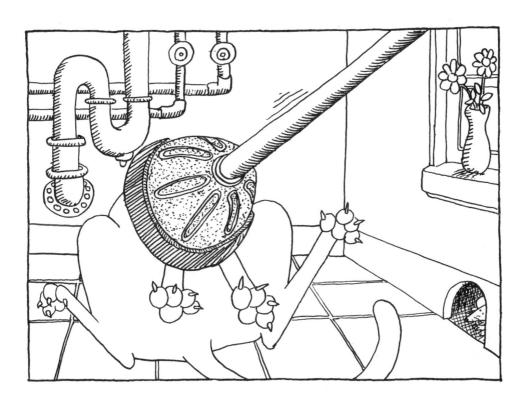

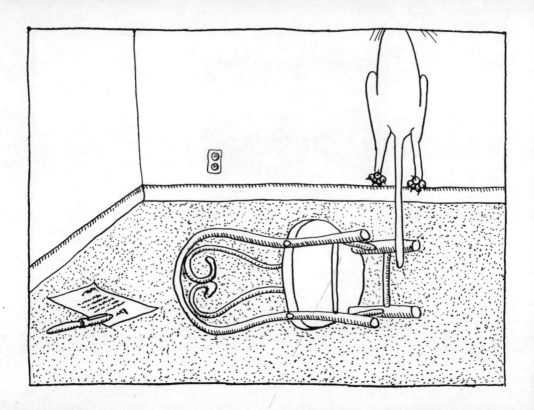